Richard Petit

Sacrés Lamas

Les pâtisseries de Lamabelle

Kennes

Publié avec les autorisations des Éditions Boomerang inc.,
Québec, Canada

Texte : Richard Petit
Adaptation : Benjamin Schwanen
Illustration de la couverture : Richard Petit/Shutterstock.com
Illustrations des pages intérieures : Annie Sechao
Conception de la grille graphique : Mika et Julie Deschênes
Graphisme : Nancy Jacques

Rue de la Blanche Borne 15
6280 Gerpinnes (Loverval) – Belgique
www.kenneseditions.com

Dépôt légal : octobre 2019 – D/2019/13.105/119

ISBN : 978-2-8758-0813-4
NUART : 76-7496-1

Imprimé en Europe

Quel est le jeu préféré
des lamas ?
Ils ADORENT jouer
à CRACHE-CRACHE...

Richard

INTRODUCTION

Sur la magnifique
île des lamas règnent
UNE GRANDE
paix et un véritable
bonheur.

Ses habitants
jouissent **toute
l'année** de
la merveilleuse

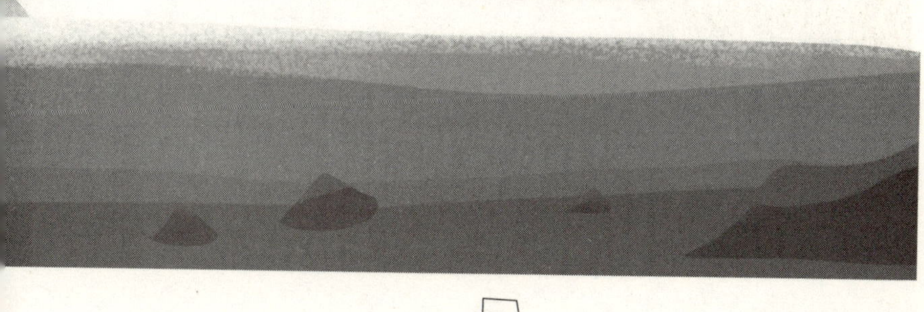

chaleur du soleil
qui baigne de
ses doux rayons
LES SPLENDIDES
paysages qui
les entourent.

OUI !
Les habitants
de l'île vivent
UNE DOUCE
tranquillité.

Les enfants peuvent
s'amuser aussi
souvent qu'ils
le désirent avec

LES GENTILS
lamas qui, partout,
parcourent les forêts
somptueuses,
les déserts
MAJESTUEUX
et les montagnes
GRANDIOSES.

Avec Lamabelle,
LAMACORNE,
LAMALOVE et tous les autres lamas, ils vivent des aventures des plus captivantes.

L'île est aussi peuplée de curieux personnages qui ajoutent à tout ce bonheur :

PIKAN ET KIPIK,

les deux cactus,

KROKTOUT,

le monstre du lac,

NACHO GRINGO,

le lutteur sans peur,

EL SOMBRERO,

le sombre héros,

PIMENTFORT ET PIMENTDOUX

et leur labyrinthe,
le 8-Bras de la mer.

Sans oublier **BANJO**
et **FRIDA**, deux
des adorables
enfants du village
de Moichu Pichou,
les deux plus **GRANDS**
amis des lamas.

Malheureusement,
sur cette île
FANTASTIQUE,
on retrouve aussi
la redoutable et
TRÈS méchante...
KATRINA
SKELETTE !

De son étrange
maison, **cette
affreuse** femme

squelettique au très
mauvais caractère
mijote dans
son crâne vide
un projet sinistre…

Rendre aussi
malheureux qu'elle
le peut tous ceux
et celles qui
habitent l'île…
MÊME LES LAMAS !

Parviendra-t-elle à chasser **BONHEUR** et **RIRES** de l'île pour les remplacer par **MALHEURS** et **TRISTESSE** ?

QUI LIRA... VERRA !

L'île des lamas
Le village de
Moichu Pichou
L'ancienne cité
de
Maya-Yé-Yé
Le désert
de Pikan
et Kipik
La plaine
des
tornades
La chute
Dokitombe
El Sombrero
le sombre
héros
Le lac
de
Kroktout
L'île
Padetrésor

Les statues qui parlent
CECILIA
Nacho Gringo le lutteur
L'étrange maison de Katrina Skelette
La méchante Katrina Skelette
Le tortueux chemin de Pimentfort et Pimentdoux
Les montagnes Ochapo
L'océan du 8-Bras

CHAPITRE 1

LUNDILAMA, LAMARDI, LAMARCREDI, JEUDILAMA, LAMADREDI, SAMEDILAMA ET ENFIN, DIDILAMA.

Sur la splendide
île des lamas,
LE SOLEIL se
montre lentement
à l'horizon.

Le ciel est bleu,
et la journée
s'annonce encore
une fois des plus...
MAGNIFIQUES !

OUI ! Tout est beaucoup plus beau ici que partout ailleurs sur le reste de la terre.

En ce **lundilama**, premier jour du week-end, les habitants du village de Moichu Pichou entament leurs cinq jours de repos bien mérités.

Pas de travail pour les adultes et, bien sûr, **pas d'école pour les enfants.**

EH OUI!

Sur l'île des lamas, la semaine de travail

et d'école ne dure
que deux jours :
samedilama et
didilama.

Tandis que
le week-end,
lui, qui est
TRÈS LONG,
comporte cinq
jours :

lundilama,
lamardi,
lamarcredi,
jeudilama et
lamadredi.

OUI! Sur l'île des lamas, tout est pas mal contraire à ce qui se passe

partout ailleurs
sur la terre.

WAOUH !

Seulement deux jours d'école par semaine. Comme ils sont **CHANCEUX**, les enfants de Moichu Pichou, n'est-ce pas ?

YEP !

Les saisons aussi sont très différentes de ce qu'on connaît ailleurs. Par exemple, le minihiver de l'île des lamas ne dure **QU'UNE SEULE JOURNÉE**.

Et l'unique
« TEMPÊTE »
de neige qui a lieu
pendant ce **TRÈS**
court hiver ne dure
habituellement,
pour sa part,
que cinq
à dix minutes.

C'est pendant
ce court moment

que les enfants
se disputent
les quelques rares
flocons de neige
qui tombent du ciel.

Il n'y en a même pas
assez pour fabriquer
des boules de neige
et faire une...
BATAILLE
DANS LA NEIGE !

ZUT DE ZUT !

Mais aujourd'hui,
en ce **lundilama**,
il ne neigera pas.

NON ! Il fera
même très beau,
et il fera aussi...
TRÈS BON !

TRÈS BON???

OUI !

Car, comme elle
le fait chaque matin,
Lamabelle, le lama,
viendra au village
distribuer
ses **DÉLICIEUSES**
pâtisseries : petits
gâteaux exquis,
donuts succulents,

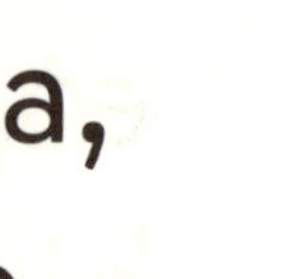

biscuits délectables,
bretzels appétissants,
tartelettes
DÉLICIEUSES,
macarons savoureux
et, bien sûr, churros
bien sucrés.

Déjà, dans
les maisons,
les habitants
s'agitent, car
ils savent que
LAMABELLE
va arriver.

Les rideaux
des fenêtres
s'**ouvrent**, et
le visage réjoui

des enfants
apparaît dans
les ouvertures.

OUI !

Dans le village,
chaque journée
commence par
ce que tout
le monde appelle…
la fête des gourmandises !

Les plus gourmands des villageois commencent déjà à envahir la **grande** place située au beau milieu du village.

Plusieurs sont encore en pyjama et attendent avec **IMPATIENCE** leur visiteuse.

Projetée sur le sol par le soleil qui s'élève lentement, une ombre apparaît... C'EST LAMABELLE !

Comme à chacune
de ses visites,
un groupe d'enfants
impatients se
précipitent pour
l'accueillir.

EH OUI!
Comme toujours,
la pauvre Lamabelle
se retrouve très vite
encerclée.

Incapable d'aller plus loin, elle doit s'arrêter.

– **AH**, c'est vous, mon adorable bande de petits gloutons ! leur lance-t-elle, comme à son habitude. Vous êtes vraiment **TROP** impatients.

Plusieurs enfants se mettent à rire. Adorable bande de petits gloutons !

HI ! HI ! HI !

Parmi eux, il y a bien sûr les jumeaux, **FRIDA** et **BANJO**, les deux plus grands

amis des lamas
de l'île.

Surexcités,
les enfants tendent
tous les bras
vers Lamabelle.

– **HOULÀ !** lance
Lamabelle, écrasée
par cette foule très
animée.

– Je veux un churro, Lamabelle ! demande le petit Sandro, le fils du maire de Moichu Pichou.

– **MOI, JE VEUX UN DONUT SANS TROU, S'IL TE PLAÎT !** insiste Oscar, le fils

du propriétaire
du Pesos-Rama.

Le Pesos-Rama
est le magasin
TRÈS populaire
où **TOUS**
les articles
à vendre
ne coûtent
qu'un seul
peso.

– Moi, je désire
un biscuit tout
plein de poussière
rose dessus !
dit **TRÈS FORT**
Angelica, la fille
du livreur de pizza.

Lamabelle se met
tout d'abord à rire,
puis reprend
la jeune fille.

Voyons,
Angelica!
Ce n'est pas
de la poussière
rose qu'il y a
sur mes donuts,
c'est du
sucre à
la framboise.

MMMMMMM!

– **J'EN VEUX UN QUAND MÊME !** insiste la jeune fille en tendant ses deux mains au-dessus des têtes de ses amis placés devant elle.

Lamabelle fouille
dans son panier,
prend un donut
couvert de sucre
à la framboise et
le remet à Angelica.

FOLLE DE JOIE,
la jeune fille s'écarte
du groupe et se met
aussitôt à manger
de manière très

gloutonne
sa **DÉLICIEUSE**
pâtisserie.

MIAM !

– JE N'AI PAS ENTENDU LE MOT MAGIQUE, ANGELICA ! lui crie Lamabelle en levant la tête.

Angelica cesse
de **mastiquer**
et répond au lama.

– AH OUI ! C'EST BON ! C'est très bon, Lamabelle.

– **NON !**
Ce n'est pas le mot MAGIQUE, ça !
lui dit Lamabelle.

La jeune fille
se reprend.

– **OH, OUI !**
MERCI,
LAMABELLE !
MERCI !

Lamabelle lui fait
un signe de la tête.

– Ça me fait plaisir !

Une multitude
de petites mains
s'**agitent**
maintenant tout
autour de Lamabelle.

La **FÊTE DES GOURMANDISES**
est bel et bien
commencée en
ce beau matin
de **lundilama**.

– **J'ai faim !**

Donne-moi
UN MACARON
aux bananes !

– **S'il te plaît**,
Lamabelle !
UN BRETZEL
au chocolat !

– **Je veux**
UN *CUPCAKE*
au cactus !

– **Moi**, **UNE**
PROFITEROLE
à la noix de coco !

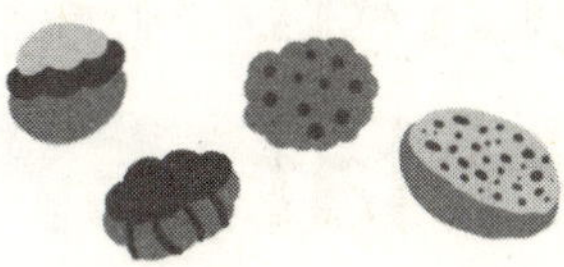

– **Moi**, c'est
UN ÉCLAIR
aux fraises que
je veux, Lamabelle !

Lamabelle se met
tout de suite
à distribuer
ses **SUCCULENTES**

pâtisseries aux
enfants afin de
calmer leur ardeur, et
aussi leur appétit…

CHAPITRE 2

ELLE DÉTESTE TOUT, PLUS QUE TOUT...

Tout à fait
au nord-est de l'île,
au sommet
de la plus **HAUTE**
tour d'une étrange
maison, quelqu'un
surveille de très
près ce qui se passe
au village de Moichu
Pichou.

C'est Tchico,
le **TRÈS VILAIN**
chat de la **TRÈS MÉCHANTE**
Katrina Skelette.

Avec l'aide d'un puissant télescope, le chat observe les faits et gestes des villageois qui, en ce moment, mangent avec appétit... les pâtisseries de Lamabelle !

– **C'est bien parti, maîtresse !**
rapporte Tchico à Katrina Skelette. Tous les villageois mangent les pâtisseries. Votre plan se déroule

comme vous l'aviez prévu.

– **C'EST TRÈS BIEN, TCHICO !** se réjouit Katrina Skelette.

Katrina Skelette, habillée d'une robe rouge et coiffée d'un **RIDICULE**

chapeau à plume,
est **TRÈS** affairée
à mélanger
les ingrédients
d'une autre recette
BIZARRE.

Dans un grand bol,
elle met des morceaux

d'**ONGLES D'ORTEILS**
de gorilles rasés,

des **POILS** de
kangourous rappeurs,

de la **POUDRE DE GRIFFES**
de perroquets muets,

des **ANTENNES**
de fourmis mortes
d'une crise cardiaque,

des **TRANCHES DE LANGUE**
de vers de terre

et **VINGT PATTES**
de mille-pattes.

BEURK !

– Qu'est-ce qui se passe dans le village ? demande Katrina. Comment sont ces villageois que **JE DÉTESTE PLUS QUE TOUT ?** Est-ce que

leur transformation
a commencé,
Tchico ?

Le chat colle
à nouveau son œil
au télescope.

– **HMMM !**
fait-il, incertain.
Moi, je trouve
qu'ils sont toujours

aussi laids qu'avant, maîtresse. Même ce lama, Lamabelle.

Katrina se met à **grogner** comme un ours à qui on vient de voler sa sucette au miel.

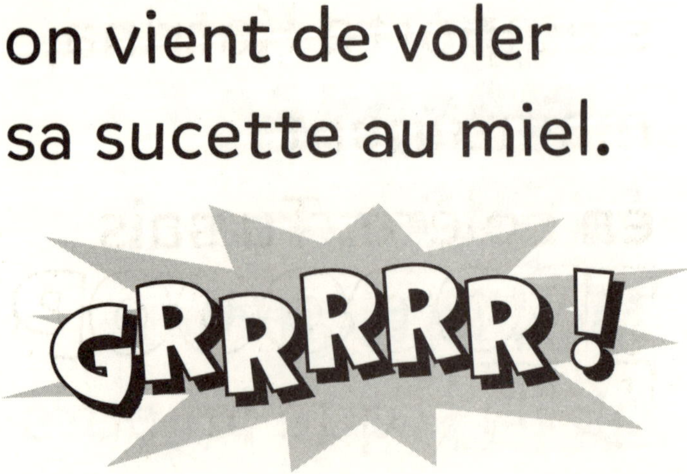

– Combien de fois t'ai-je dit, Tchico, que **je ne voulais PAS** que tu prononces le nom de cet animal dans ma maison ? s'emporte Katrina, maintenant en colère. Tu sais TROOOOOP BIEN que je

DÉTESTE ce lama **PLUS QUE TOUT**. Chaque fois que j'entends son nom, il y a comme de drôles de boutons qui poussent partout sur mes os.

Tchico s'écarte du télescope.

– Est-ce que je dois **VRAIMENT** vous dire combien de fois vous m'avez dit de ne pas dire son nom, maîtresse ? lui demande son chat. Je ne les ai pas comptées, désolé.

Tu es désolé ?

Je te l'ai dit autant de fois que le nombre de poils que tu as sur le corps, espèce de petit imbécile sans tête, sans cerveau... et sans nourriture jusqu'à demain !

Tchico baisse la tête.

– **ALORS !** reprend sa maîtresse. Ils ont commencé à se transformer ? Dis-moi !

– Non, pas encore.

Katrina lève la tête en direction de son chat. Un horrible doute vient de s'installer en elle.

– TCHICO !

Cette nuit, lorsque tu es allé discrètement dans la maison de tu sais qui, tu as bel et bien fait **TOUT** ce que je t'ai demandé, n'est-ce pas ? Tu as bien mis un peu de ma mixture dans la farine et dans tous les autres

ingrédients qui
se trouvaient
dans la cuisine
de tu sais qui ?

– De Lamabelle ?
répond le chat.

Katrina Skelette
entre **ENCORE UNE FOIS** dans
une colère noire.

Je t'ai dit de
ne pas prononcer
ce nom dans
ma maison!
TU ES SOURD
OU QUOI?
Si tu le répètes
encore une fois,
je fais une tarte
au chat idiot...
IDIOT!

EFFRAYÉ par la menace de sa maîtresse, Tchico se recroqueville sur lui-même.

– **OUI**, maîtresse ! Cette nuit, je suis bien allé discrètement à la maison de, de... **EUH...**

Tchico s’arrête juste à temps, avant de faire **UNE AUTRE BÉVUE.**

– À la maison de, de… tente-t-il de poursuivre sans réussir. **EUH…** À la maison de, de…

Puis, il se tourne vers sa maîtresse.

– Mais dites-moi, **Ô JOLIE MAÎTRESSE**, comment dois-je appeler ce lama si je ne peux pas dire son nom ?

– Appelle-la, euh… Appelle-la… **TIENS !** Appelle-la Lamamoche, lui répond Katrina. OUI ! **LAMAMOCHE !** Ça, c'est une bonne idée.

Tchico accepte en faisant un signe de la tête.

– **OUI**, maîtresse ! poursuit Tchico. Cette nuit, j'ai réussi à m'**introduire** dans la maison de Lamamoche, et pendant qu'elle dormait, discrètement, comme le **CHAT-ESPION** doué que je suis, je me suis rendu

dans sa cuisine,
où j'ai fait comme
vous m'aviez
demandé : j'ai versé
votre mixture
dans la farine.

Le visage de Katrina Skelette devient tout à coup **TRÈS GRAVE**.

– Et dans les autres ingrédients ? demande-t-elle à son chat. Tu en as mis aussi dans les autres ingrédients, n'est-ce pas ?

– **BAH… LÀ**, maîtresse, explique Tchico à Katrina Skelette, je n'ai pas pu mettre de votre mixture dans les ingrédients, car il n'y en avait pas. **NON !** Il n'y avait pas un seul pot d'ingrédients sur les tablettes de la cuisine de Lamabobette. J'ai regardé partout ! **JE VOUS LE JURE !**

Katrina arbore maintenant un air **MÉFIANT**.

– **PAS UN SEUL INGRÉDIENT ?**

répète-t-elle, suspicieuse. C'est impossible, ça !

AVEC QUOI

cuisine-t-elle toutes ses pâtisseries, alors ? Tu ne peux pas faire grand-chose avec seulement de la farine. Tu en es certain, Tchico ?

– Je vous le jure, maîtresse ! répond le chat. J'ai fouillé **PARTOUT, PARTOUT !** Sur les tablettes, il n'y avait aucun pot d'ingrédients, seulement

un pot de **SUCRE,**

un pot de **FÉCULE DE MAÏS,**

un pot de **POUDRE DE CHOCOLAT,**

un pot de **LEVURE,**

un pot de **VANILLE,**

un grand pot
de **FRUITS SECS**,

un pot de **GÉLATINE**,

un pot de **NOIX CONCASSÉES**...

et **BEAUCOUP**
d'autres pots !

Mais je vous assure,
chère maîtresse,
qu'il n'y avait
sur les tablettes
AUCUN pot
sur lequel il était
écrit le mot
« **INGRÉDIENTS** ».

Devant Tchico,
Katrina Skelette
est bouche bée.

TOUT À COUP...

... les deux bras
du squelette
tombent par terre.

– Espèce de sombre idiot ! commence-t-elle à dire au chat tout en regardant ses deux membres sur le plancher. **TOUT** ce que tu as nommé, **EH BIEN**, ce sont les ingrédients dans lesquels

tu devais déverser ma mixture !

OH, HO ! Tchico réalise qu'encore une fois... **IL A GAFFÉ !**

— Mettre de la mixture seulement dans la farine est INSUFFISANT ! dit-elle à son chat. Cette nuit, tu retourneras chez LAMAMOCHE pour terminer ce que tu as commencé. En fait, j'irai avec toi pour

m'assurer que
tu fasses bien
les choses,
cette fois-ci…
ESPÈCE DE CRÉTIN !

Tchico baisse
la tête de honte.

– Maintenant,
ajoute Katrina

Skelette, ramasse mes deux bras par terre et remets-les à leur place sur mon corps…

ESPÈCE DE DÉBILE !

CHAPITRE 3

SA MÈRE ET LE MAIRE...

Dans le village
de Moichu Pichou,
LAMABELLE a
rempli sa mission.
Autour d'elle,
il ne reste que
Frida et Banjo.

Les deux jeunes
amis de Lamabelle
PRÉFÈRENT finir

tranquillement de manger **LEURS PÂTISSERIES** en sa compagnie plutôt que d'aller jouer au parc avec les autres enfants qui, eux, bien entendu, ont quitté les lieux une fois leur estomac bien rempli.

Lamabelle **fouille** du regard les deux paniers de chaque côté d'elle.

– **BON !** Encore une fois, il ne me reste plus rien pour Lamacorne et Lamalove.

TANT PIS !

Banjo se met à rire très fort.

— HA ! HA ! HA !

Elles n'avaient qu'à être là pour la distribution.

De sa bouche, une pluie de miettes de biscuit

aux amandes vient d'être projetée devant lui dans les airs.

Le comportement de Banjo **RÉPUGNE** sa sœur jumelle Frida.

– BEURK !
lance-t-elle. Tu es dégoûtant lorsque tu parles la bouche pleine.

POUAH !

Lamabelle sourit, car c'est chaque fois la même histoire.

Banjo a **TRÈS SOUVENT** quelque chose à dire lorsqu'il a la bouche pleine.

À l'entrée du village, **LAMACORNE** et **LAMALOVE** apparaissent **ENFIN**.

Les deux lamas marchent d'un pas détendu jusqu'à Lamabelle, Frida et Banjo.

– TROOOOP TARRRRD !

leur dit Banjo alors qu'elles arrivent près d'eux.

LAMABELLE
soulève ses paniers
vides devant
ses deux amies.

– **DÉSOLÉE,
LES FILLES !**
Il ne me reste plus
une seule pâtisserie
pour vous.

– BON ! fait alors Lamalove, pas du tout étonnée. Ta « BANDE DE PETITS GLOUTONS » t'a encore une fois dévalisée ?

– Tu devrais porter **PLAINTE** à Santos, le policier !

lui conseille
LAMACORNE
pour rigoler.

Tout le monde
se met à rire.

– **MAIS NON!**
fait Lamabelle.
Je fais les pâtisseries spécialement pour eux, pour qu'ils soient tous encore plus heureux.

– Tu es **TROP** populaire auprès d'eux, mon amie! lui lance Lamalove.

– **OUAIS**, je sais ! lui accorde Lamabelle. Mais la popularité passe souvent par l'estomac des enfants.

– Surtout par l'**estomac** des enfants qui

ont faim ! ajoute Lamacorne.

ET ILS SE METTENT TOUS À RIRE ENCORE UNE FOIS.

Hi ! Hi ! Hi !

Arrivent près
du groupe
les parents du petit
Sandro : **SA MÈRE
ET LE MAIRE !**

– C'est toujours
une grande **JOIE**
de vous voir
ensemble toutes
les trois, vous,
les adorables lamas

de l'île ! leur avoue **GINOBRITO**, le maire de Moichu Pichou.

Le monsieur **GRASSOUILLET** et presque chauve sourit amicalement à Lamabelle.

– Je suis VRAIMENT **DÉSOLÉE**, Monsieur le Maire, s'excuse Lamabelle, mais il ne reste rien dans mes paniers.

Les enfants ont tout avalé ! **TOUT !** Je n'ai plus que des miettes.

Le maire sourit au lama.

– **MAIS VOYONS, LAMABELLE !** Je ne suis pas venu

te voir pour ça.
Je suis déjà bien
assez **DODU**
comme ça !

– Mais vous n'êtes
pas dodu du tout,
Monsieur le Maire !
ment Lamabelle.
Un tout petit peu
RONDELET
peut-être, mais

certainement pas
DODU.

Maria, la femme
du maire, place
sa main devant
sa bouche pour
cacher son sourire.

– Moi, je pense
que vous êtes
plutôt **JOUFFLU**,

Monsieur le Maire !
lui dit Lamacorne
après l'avoir
examiné de la tête
aux pieds.

– **HMMMMMMM !**

fait à son tour
Lamalove. Moi,
je pense que vous
êtes plutôt un petit peu
POTELÉ.

Ne s'y retrouvant
plus et maintenant
dans le doute,
le maire veut
confirmer les choses
auprès de sa femme.
Il se tourne vers elle.

Ma douce Maria! Dis-moi, est-ce que je suis **GRASSOUILLET, DODU, RONDELET, JOUFFLU** ou **POTELÉ**, à la fin? Je ne sais plus, moi...

Maria **réfléchit**
quelques secondes
avant de répondre
à son mari.

Il est vrai que
ce qu'elle va dire
pourrait le blesser
dans **son orgueil**
d'homme et
de responsable
du village.

– RIEN DE TOUT ÇA, MON CHER MARI ! Tu es beau !

– BEAU ? répète le maire.

– OUI ! réitère Maria. Beau comme une pêche !

Le maire cherche à comprendre.

– BEAU comme une pêche ? répète-t-il. **UNE PÊCHE !** Le fruit, là ? Quoi ? C'est beau, une pêche ?

– **OUI! OUI!**
lui confirme
sa femme en
hochant la tête.
Comme le fruit,
tu es **ROND** et
tu as un tout petit
peu de duvet sur
la tête. Tu es
TRÈS BEAU,
mon cher mari!

Fier de la réponse
de sa femme,
le maire **bombe**
le torse et se met
à regarder tout
le monde autour
de lui.

– **VOUS AVEZ TOUS COMPRIS ?**
Je suis beau comme
une pêche ! Pas laid

comme un cornichon, hein ? **BEAU COMME UNE PÊCHE !**

Tout le monde autour du maire éclate d'un rire amusé.

CHAPITRE 4

SCOUT ÉGARÉ ET *CUPCAKE* GÉANT

Le soir venu,
dans **sa cuisine**,
Lamabelle prépare
ses ustensiles,
les plats à mélanger,
les chaudrons,
les plaques allant
au four et
ses paniers.

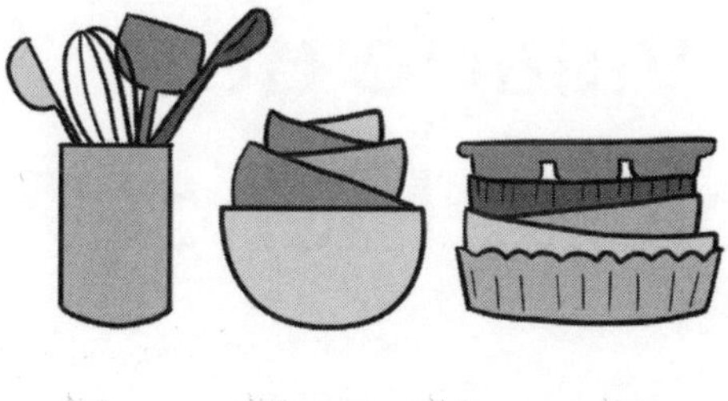

Elle sait que, comme
tous les matins, elle
devra **ENCORE UNE FOIS**
se lever très tôt
le lendemain
afin de préparer
SES PÂTISSERIES
pour les enfants
du village de
Moichu Pichou.

Elle s'arrête soudain pour réfléchir.

– Cette fois-ci, je dois ABSOLUMENT doubler les recettes pour que **TOUT** le monde puisse se régaler. **TOUT LE MONDE !** Même mes amies

LAMALOVE et
LAMACORNE.

Puis, elle pousse
un long bâillement...

– OOOOHH
AAAAAAAH !

Lamabelle se dirige
très lentement
vers son lit douillet.

Ses paupières
lourdes se referment
tout doucement,
bien **malgré elle**,
et elle tombe vite
endormie de fatigue.
Heureusement
qu'elle tombe...
SUR SON LIT !

PAUVRE LAMABELLE !

Elle n'a même pas
eu le temps
de se couvrir
de ses douces
couvertures.

Alors que le soleil
se couche lui aussi,
Lamabelle est
déjà plongée dans
un **BEAU RÊVE,**
RÊVE dans lequel

elle est la plus **GRANDE** pâtissière du monde...

***

La nuit tombée, accompagnées de la lune qui semble être **LEUR COMPLICE,** deux ombres

INQUIÉTANTES marchent entre les palmiers.

Ce sont celles de
Katrina Skelette
et Tchico le chat.

À la tête de
l'expédition, Tchico
guide sa maîtresse
vers la maison
de **LAMABELLE**.
Le chat connaît
très bien le chemin
qui y conduit, car

il y est allé la veille,
alors qu'il avait
COMPLÈTEMENT
RATÉ la mission
que lui avait confiée
sa maîtresse.

Cette fois-ci,
Katrina a pris soin
d'accompagner
son chat pour
s'assurer que

tout allait se faire comme il faut, c'est-à-dire avec succès, mais surtout avec beaucoup de MÉCHANCETÉ, bien sûr.

Derrière Tchico, Katrina commence vraiment à s'impatienter.

Comme un enfant
assis sur
la banquette arrière
de la voiture de
ses parents, elle
a **TROP HÂTE**
d'arriver à destination.

– Est-ce qu'on arrive
bientôt, Tchico ?
Il me semble qu'on
tourne en rond ! Tu

sais que **JE DÉTESTE PLUS QUE TOUT** tourner en rond.

– Ne vous en faites pas, maîtresse ! Lorsque j'étais **UN SCOUT-CHAT**, j'étais le meilleur pour retrouver notre campement dans la forêt.

Katrina Skelette
s'étonne de
la réponse
de son chat.

– Tu as déjà été scout, toi ? C'était quoi, ton nom de totem ?

– C'était un nom de **TOTEM** un peu inhabituel, lui répond Tchico. C'était BOUSSOLE PERDUE !

Katrina s'arrête aussitôt de marcher.

— Boussole perdue ? répète-t-elle, **HÉBÉTÉE**. Mais ton nom de totem signifie plutôt que tu n'étais **PAS TRÈS BON** pour trouver ton chemin. C'est

TOUT le contraire
de ce que tu me dis !

Katrina lève la tête
et aperçoit au même
moment, au loin,
une maison…
SA MAISON !

Elle entre dans
une **COLÈRE**
monstre qui fait fuir

les chauves-souris
juchées tête en bas
au sommet
des palmiers
qui l'entourent.

– **ESPÈCE DE CRÉTIN !** Je te l'avais dit qu'on tournait en rond !

Tchico se soulève sur ses pattes

arrière et aperçoit
à son tour
L'ÉTRANGE
maison de
son **ÉTRANGE**
maîtresse.

– **ZUT !** fait-il.

– Tu me donnes
VRAIMENT
envie de manger de

la tarte au chat, Tchico, tu sais ?

– **NON ! NON ! NON !** la supplie son chat, tout confus. C'est à cause de vous, maîtresse, qui me parlez sans arrêt. Ça me déconcentre, car je dois tout

le temps trouver
des réponses
à vos questions.

– **C'EST TOI QUI PARLES TOUT LE TEMPS, TCHICO !**

Katrina inspire **profondément** pour se calmer.

– **BON**, TCHICO !
Tu as une AUTRE
chance de te
rattraper. Direction :
LA MAISON DE
LAMAMOCHE !
Je te suis... **ET
JE NE VEUX
PAS ENTENDRE
UN SEUL MOT !**

En silence, Tchico
tourne les talons et
se remet à marcher,
suivi de très près
par sa maîtresse,
muette elle aussi.

***

Autour de Lamabelle,
le paysage est
des plus étonnants et...

MAGNIFIQUE !

Le ciel est doux
et onctueux comme
du glaçage
de gâteau bleu,
et le soleil **BRILLE**
comme une belle
tarte au citron
toute jaune
et délicieuse.

Partout sur le sol
constitué de millions
de pépites de
chocolat poussent
des macarons
aux fraises,
aux myrtilles et
aux framboises.

De jolis palmiers
faits de churros
GÉANTS
au feuillage
de biscuits
MULTICOLORES
dansent au gré
d'une douce
brise provenant
du bel océan
de caramel.

Les turbulentes
vagues de la mer
projettent dans
les airs une multitude
de **bretzels**
couverts de crème
délicieuse.

TOUT EST SI BEAU!

Mais Lamabelle sent **tout à coup** une présence pas très loin d'elle.

OUI ! Elle a l'impression que quelque chose l'observe, et l'observe en plus avec... APPÉTIT !

Apeurée, Lamabelle balance sa tête de tous les côtés.

QUI EST CE MÉCHANT PERSONNAGE aux sombres projets ?

Un craquement se fait soudain entendre.

CRAAAAC !

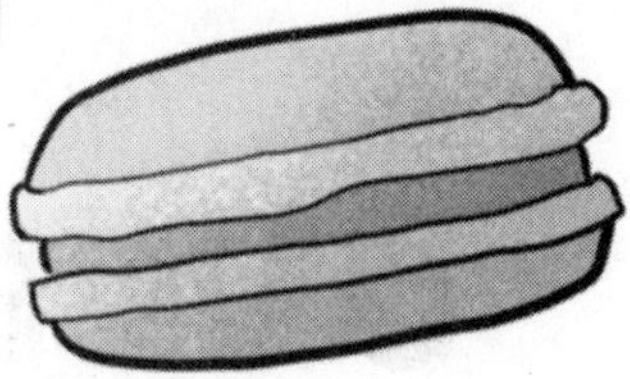

Cette chose
vient d'écraser
un **SUCCULENT**
macaron aux fraises
en marchant, donc...
ELLE APPROCHE !

Devant Lamabelle apparaît soudain... un *cupcake* **GÉANT** ET **MONSTRUEUX !**

Avec **UN REGARD CRUEL**, il observe Lamabelle en se pourléchant les babines.

Lorsque le *cupcake* sourit, Lamabelle aperçoit **SES DANGEREUSES** dents semblables à celles d'un requin :

POINTUES et TRANCHANTES !

Lamabelle tente de reculer, mais ses quatre pattes se sont enfoncées dans des flaques de caramel épais et très collant.

Impossible pour elle de s'enfuir.

Tout ce que Lamabelle peut faire maintenant, c'est attendre... **LA FIN !**

Le *cupcake* géant approche du lama avec sa bouche...

TOUTE GRANDE OUVERTE!

Lorsque Lamabelle tente de fermer les yeux...

Elle les ouvre plutôt et s'assoit carrément dans son lit.

– **OUF !** constate-t-elle, le cœur battant d'excitation. Ce n'était qu'un stupide rêve. **UN CAUCHEMAR, PLUTÔT !**

Heureuse de ne pas avoir été **CROQUÉE** par une pâtisserie

géante, Lamabelle
se recouche sous
ses couvertures et
referme les yeux,
INCONSCIENTE
du fait qu'**UNE**
VÉRITABLE
ennemie arrive
chez elle...

... ET que ce n'est pas un vilain **CAUCHEMAR**, cette fois-ci !

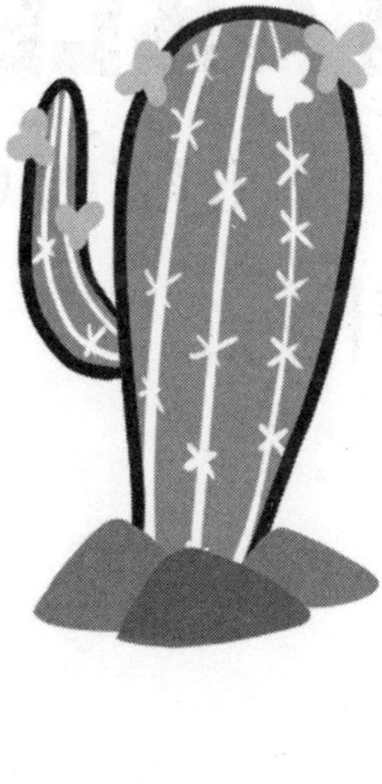

CHAPITRE 5

C'EST LA NUIT QUE LES MÉCHANTS FONT LEURS MAUVAIS COUPS...

À bout de nerfs, **KATRINA SKELETTE** est sur le point de piquer une autre de ses mémorables **COLÈRES**.

– Quand est-ce qu'on va arriver, Tchico ? Tu sais que **JE DÉTESTE**

PLUS QUE TOUT attendre. Le chat s'arrête.

– Nous sommes justement arrivés !

– **ENFIN !** lâche sa maîtresse.

Katrina Skelette regarde tout autour

d'elle et ne voit que des palmiers et des arbres.

– Mais où est **la maison** de Lamabelle... **EUH**, de **LAMAMOCHE**, je veux dire ? se reprend-elle en la cherchant partout.

Tchico désigne **vaguement** une direction avec son menton.

– Juste là, devant vous, maîtresse. Vous n'avez pas de très bons yeux, hein ?

– Je ne suis qu'un squelette,

ESPÈCE DE CRÉTIN! lui crie Katrina. Je n'ai pas d'yeux, je n'ai que des trous !

Katrina cherche encore, mais ne voit **TOUJOURS PAS** la maison de Lamabelle.

Tchico tend alors sa patte devant lui.

– **LÀ !** montre-t-il de manière plus

précise à sa maîtresse. Le gros arbre, juste là, devant vous.

Katrina Skelette est toute surprise.

– Lamabelle, **EUH**, Lamamoche demeure dans un arbre ? s'étonne-t-elle.

– BAH OUI !
lui répond Tchico.
C'est connu, **TOUS**

les lamas vivent
dans des arbres
qui sont en fait
leurs maisons.

Alors que Katrina
étudie la CURIEUSE
demeure de
LAMABELLE,
elle aperçoit tout
à coup une fenêtre,
à demi ouverte.

Elle indique l'endroit à son chat Tchico et, **sans attendre une seconde** de plus, elle s'y dirige avec lui.

Aussitôt introduits dans la maison, **KATRINA** et **TCHICO** atteignent rapidement la cuisine.

Sur plusieurs tablettes se trouvent **TOUS** les pots d'ingrédients qui servent à cuisiner les fameuses **PÂTISSERIES !**

Un sourire
DIABOLIQUE
se dessine sur
le visage de Katrina
Skelette.

Cette dernière
est **TRÈS, TRÈS**
CONTENTE, car
elle pourra ENFIN
rendre malheureux
TOUS les villageois

de Moichu Pichou,
et du même coup,
tous les lamas
de l'île.

Pressée d'accomplir
son **MÉFAIT**,
Katrina Skelette
se propulse
vers les tablettes.

Devant l'assortiment
de pots d'ingrédients,
elle **donne**
des consignes
à son chat.

– Tchico !

– **OUI**, maîtresse ?

– Chut ! Pas
si fort ! fait-elle,

un doigt devant la bouche. Il ne faut pas réveiller Lamabelle... **EUH, NON !** Il ne faut pas réveiller Lamamoche.

Tchico hoche la tête en silence

plutôt que de répondre « **OUI** ».

— Voilà comment on va faire, commence-t-elle à **expliquer** à son chat. Toi, tu prends un pot sur la tablette

et tu l'ouvres ;
MOI, j'y verse
un peu de poudre ;
puis, tu remets
le couvercle sur
le pot et tu le brasses.

Enfin, tu remets
le pot sur la tablette,
EXACTEMENT
à l'endroit où
il était.

FÉCULE DE
GÉLATINE
LEVURE
NOIX DE COCO

Tchico acquiesce encore une fois d'un signe de tête.

Il demande ensuite :

– Mais c'est quoi, déjà, cette mixture, maîtresse ? **J'AI UN PEU OUBLIÉ !** Qu'est-ce que ça fait, déjà, si on en avale ?

– C'est de la mixture KIRANLET ! lui répond Katrina Skelette. **UNE MIXTURE SPÉCIALE QUI REND LAIDS** ceux qui en avalent ! Comme ça, je ne

serai plus la plus
laide de l'île,
BON ! Et tout
le monde sera
MALHEUREUX,
comme moi.

TRÈS laid et
TRÈS malheureux !

Tchico a compris.

– **GO!** dit ensuite Katrina Skelette. Il faut commencer tout de suite si on veut terminer avant que Lamabelle… **EUH, NON!** Avant que Lamamoche se lève.

C'EST PARTI!

Comme s'il s'agissait
du concours de
celui qui ouvre
le plus rapidement
tous les pots,
Tchico saisit
le premier
contenant et
l'ouvre **très vite**
pour ensuite
le placer devant
sa maîtresse.

Aussi rapide que son chat, Katrina y déverse un peu de son IGNOBLE mixture.

Tchico referme ensuite le pot et le remet sur la tablette, comme le lui a indiqué sa maîtresse,

EXACTEMENT
où il était.

– **BRAVO**,
TCHICO ! Faisons
pareil avec les autres.

À la vitesse
d'un robot d'usine
ultrarapide,
Tchico exécute
la même manœuvre

pour tous les autres contenants :

– Pot de vanille ! annonce-t-il en plaçant ledit pot devant sa maîtresse.

– **FAIT !** répond Katrina Skelette après y avoir versé

un peu de mixture Kiranlet.

– Pot de sucre !

dit ensuite Tchico.

– **OK !** lance Katrina Skelette.

– Pot de fécule de maïs !

– **SUIVANT !**
répond Katrina
Skelette.

– Pot de poudre
de chocolat !

– ***GO! GO! GO!***

– Pot de levure !
dit Tchico.

– **YES SIR!**

– Pot de fruits secs !

– Prochain numéro s'il vous plaît !

– Pot de gélatine !

– **DU CALME !**

Il y en a pour tout

le monde ! dit
Katrina Skelette.

– Pot de noix
concassées.

– PARFAIT !

Dix-huit pots plus
tard, la méchante
Katrina Skelette

OUDR
D'AMA
FRUIT
SE
FÉCULE
DE
VANI
HOCC
NOIX
DE
LEVURE
GÉLATINE
NOISETTE

et son vilain chat
Tchico ont accompli
leur ignoble méfait.

– On peut partir
maintenant ! lance
Katrina Skelette
en se frottant
les mains de

satisfaction. Mais je te **préviens**, Tchico, c'est moi qui marche devant, car je ne veux pas tourner en rond toute la nuit pour finalement revenir ici, hein ? N'est-ce pas... **BOUSSOLE PERDUE !**

Tchico **ROUGIT DE HONTE**, mais ça ne se voit pas à cause du poil qui couvre son visage.

CHAPITRE 6

UNE AUTRE JOURNÉE, UNE AUTRE... FÊTE DES GOURMANDISES !

Après avoir longuement cuisiné, Lamabelle remplit ses deux paniers de ses savoureuses **PÂTISSERIES** et entreprend ensuite sa marche pour se rendre au village de **MOICHU PICHOU**.

Là-bas, en ce **lamardi**, comme toujours, il y a déjà **UN COMITÉ D'ACCUEIL** qui l'attend.

Tout le monde est debout... et surtout... **TOUT LE MONDE A FAIM !**

Rien de neuf !
Sur la grande place,
dans le groupe
qui attend avec
IMPATIENCE
ses succulentes
SUCRERIES,

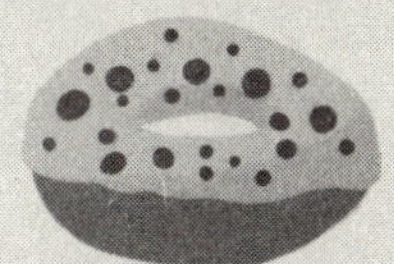

se trouvent même
LAMALOVE
et **LAMACORNE**.

Pour une fois,
les deux amies
lamas de Lamabelle
ne manqueront pas
la fête des gourmandises.

Tous les enfants
se mettent à courir
en direction
de **LAMABELLE**

dès que celle-ci
arrive à l'entrée
du village.

Aujourd'hui,
la distribution
des pâtisseries se
fait très rapidement,
car Lamabelle
n'est pas toute
seule avec Frida

et Banjo pour servir les enfants.

NON !

Il y a aussi ses amies Lamalove et Lamacorne qui sont là pour l'aider. En deux minutes à peine, tout le monde a été servi.

Même **GINOBRITO**
le maire s'empiffre.

Avec sa femme
toujours à ses côtés,
ils dégustent
ensemble
un **DÉLICIEUX**
éclair au caramel
et aux amandes.

MIAM !

Étonnée de voir que, pour la première fois, il reste un donut triple-choco dans un de ses paniers, **LAMABELLE** se dit qu'elle pourra le manger un peu plus tard.

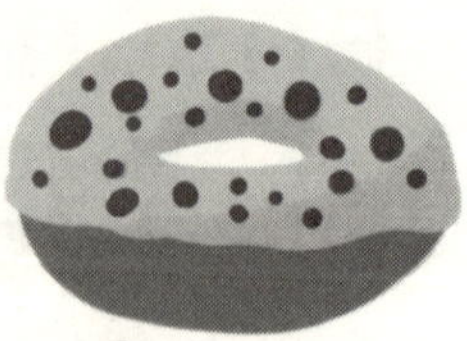

Ça n'arrive pas souvent qu'elle

puisse, elle aussi,
participer à
la fête des gourmandises.

***

Pendant que tout
le monde s'empiffre
de **PÂTISSERIES**,
au sommet de
la plus HAUTE tour

de l'étrange maison de Katrina Skelette, Tchico observe avec intérêt ce qui se passe au village.

– Ils ont **TOUS** mangé les pâtisseries de Lamabelle... **EUH, NON !** De Lamamoche, chère maîtresse,

rapporte Tchico
à Katrina Skelette.

Cette dernière
s'en réjouit.

— **HA ! HA ! HA !**

ENFIN ! Je ne serai
plus la SEULE
à être laide et

malheureuse.
Ils le seront **TOUS**
eux aussi : les lamas,
les villageois...
TOUS !

Tchico **NE VEUT PAS** être laissé
pour compte.

– Et moi, maîtresse !
Qu'adviendra-t-il

de moi ? Est-ce que je serai le seul à être beau ?

– **MAIS NON !** Tu es déjà **TRÈS LAID**, Tchico ! lui répond Katrina Skelette pour rassurer son chat. D'ailleurs, tu l'as toujours été !

Du moins, depuis
que je t'ai trouvé
au fond
d'une poubelle
où tu grignotais
un reste de poisson
POURRI.

– **OH!** Quel beau
compliment !
Merci, maîtresse,
de me dire que

j'ai **TOUJOURS** été laid.

– Est-ce que leur transformation a commencé, Tchico ? s'informe ensuite Katrina. Est-ce que les villageois ont commencé à devenir **TRÈS LAIDS ?**

Tchico colle son œil au **télescope**.

Dans le village, il ne voit que des personnes normalement constituées...

... **MAIS TOUT À COUP !...**

– **MAÎTRESSE !**
s’exclame-t-il soudain. Je vois une petite fille qui court en pleurant très fort. Son nez est devenu aussi long et courbé que celui d’un perroquet. KATRINA retient son souffle.

Tchico fait pivoter
légèrement vers
la droite le télescope
et aperçoit aussitôt
un petit garçon
avec de **GRANDES**
oreilles d'éléphant.

– **OUI !** De grandes oreilles viennent de pousser de chaque côté de la tête d'un garçon ! s'écrie soudain le chat.

Ce dernier se tourne ensuite vers **KATRINA SKELETTE.**

Nous avons réussi, maîtresse... NOUS AVONS RÉUSSI!

Katrina Skelette
tape dans ses mains,
CONTENTE
comme une petite
fille à qui on vient
d'offrir le cadeau
qu'elle désirait
PLUS QUE
TOUT au monde.

CHAPITRE 7

CE N'EST PAS HALLOWEEN AUJOURD'HUI !

Dans le village, une **GRANDE** panique s'empare de tout le monde.

Plusieurs enfants **PLEURNICHENT,** car ils se retrouvent avec des pieds poilus de gorilles.

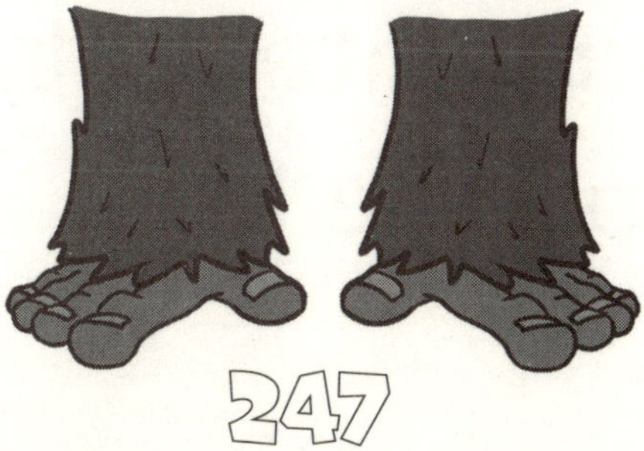

Certains **SANGLOTENT**,
car des cornes
de boucs ont
poussé sur
leur tête.

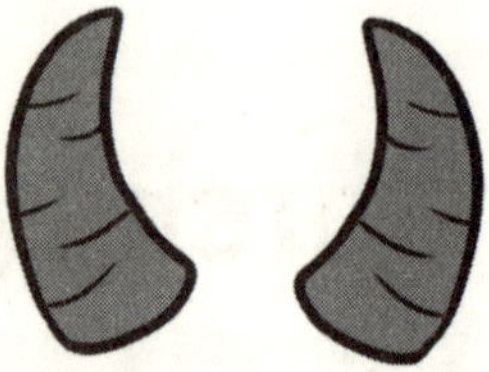

D'autres versent
de **GROSSES LARMES**,
car maintenant,
ils ont de très

GRANDES et

HORRIBLES

pattes

d'autruches.

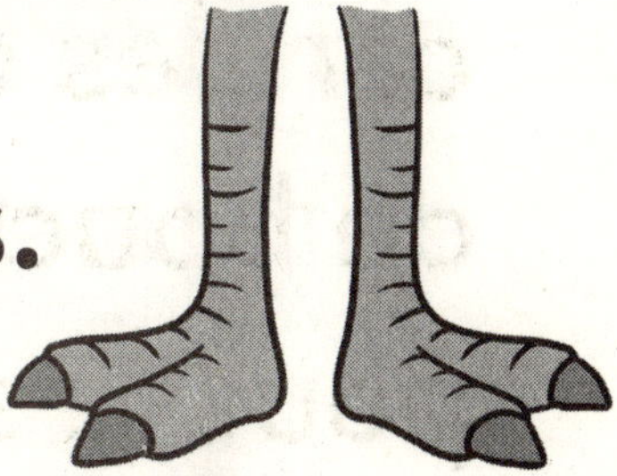

Parce qu'ils ont

tous les deux

mangé un éclair

au caramel

et aux amandes,

le maire Ginobrito

et sa femme Maria

ont maintenant...
chacun **une crinière de lion** autour de la tête !

Frida et Banjo ont
malheureusement
subi eux aussi
une transformation :
FRIDA a **UN**
LOOOOONG
cou de girafe,
tandis que son frère
jumeau **BANJO** a
maintenant la peau
rayée comme
celle d'un tigre.

– **AAAAAH ! OH NOOON !**

se met **TOUT À COUP** à crier Lamacorne.

Lamabelle et Lamalove se tournent vers leur amie.

– Mais qu'est-ce qu'il y a ? demande Lamabelle.

Muette et en larmes, Lamacorne jette **un regard APEURÉ** vers ses deux amies.

Sur son dos, à la place de ses deux

belles ailes dorées,
il y a maintenant
DEUX
AFFREUSES
QUEUES de
putois qui
se tortillent !

– AAAAAH !

se met encore
à crier Lamacorne.

Et elles puent,
en plus, ces queues
de putois.
OH NON! Je vais
puer maintenant!
QUEL
CAUCHEMAR!
Je vais être un lama
puant plutôt
qu'un lama volant!

AAAAA AAH!

C'est au tour de Lamalove de subir une **HORRIBLE** transformation.

Sur son dos viennent tout juste de pousser...

Deux **GROSSES**
bosses de chameau !

Le PLUS grand
de TOUS LES
MALHEURS
afflige maintenant
le village.

Lamabelle, qui s'apprêtait à manger un donut triple-choco, arrête le mouvement de sa patte vers sa bouche.

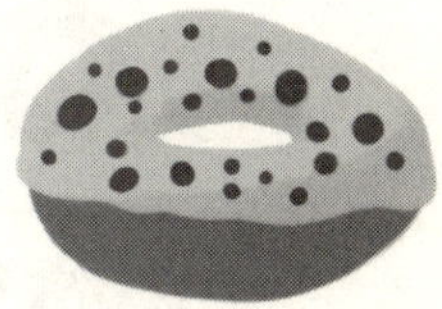

MÉFIANTE, elle approche la pâtisserie de son nez.

– **OH, HO !**
hume-t-elle. Il y a un ingrédient **DE TROP** dans ce donut TRIPLE-CHOCO !

Elle se met à réfléchir et se rappelle alors que ce matin, lorsqu'elle est arrivée dans sa cuisine, elle a aussitôt remarqué que ses pots d'ingrédients avaient un peu... **BOUGÉ !**

OUI ! Étant une pâtissière très méthodique, Lamabelle place **tout le temps**

ses pots bien droits,
pour qu'elle puisse
lire facilement
chaque étiquette.

Mais ce matin,
les étiquettes de
ses pots pointaient
TOUTES dans

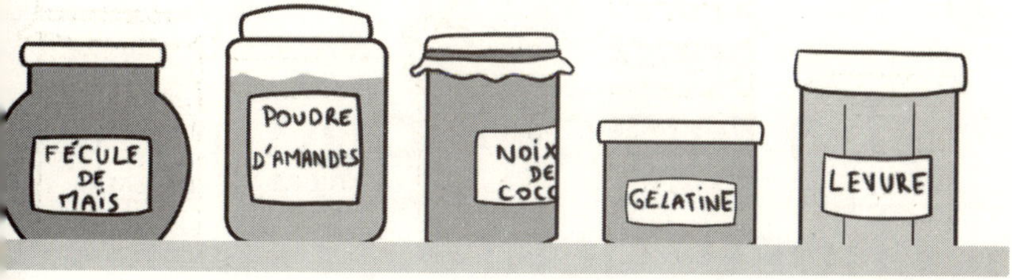

des directions différentes.

« Conclusion, songe-t-elle avec HORREUR : quelqu'un s'est **introduit** discrètement chez moi cette nuit et a mis quelque chose, genre un peu de mixture Kiranlet, dans mes ingrédients. IL N'Y A PAS D'AUTRE EXPLICATION! »

Lamabelle lève ensuite les yeux pour regarder

au loin en direction
de L'ÉTRANGE
maison de Katrina
Skelette.

Au sommet d'une
des deux tours, elle
aperçoit un reflet
BRILLANT renvoyé
vers elle par
le télescope du
méchant squelette...

Les deux narines du **LAMA** s'agrandissent pour laisser passer l'air de sa **COLÈRE**.

OUI ! Lamabelle en est maintenant certaine. Katrina Skelette a réussi à **EMPOISONNER** tous les habitants du village, ainsi que ses deux amies lamas, avec **SA RÉPUGNANTE** mixture Kiranlet.

Lamabelle sait très bien ce qu'elle doit faire maintenant pour annuler l'effet de la mixture

KIRANLET de
Katrina Skelette.

– Je dois retourner
chez moi **TOUT DE SUITE** afin
de préparer pour
tout le monde
des biscuits
TRÈS spéciaux...
DES BISCUITS OUIPET !

CHAPITRE 8

UN AUTRE PLAN POUR CONTRECARRER LE PLAN...

Au sommet
de la plus **haute** tour
de l'ÉTRANGE
maison de Katrina
Skelette, Tchico
aperçoit à travers
le télescope
Lamabelle
qui file à
toute vitesse
en direction
de chez elle.

– **MAÎTRESSE,**
MAÎTRESSE !
se met à hurler
à pleins poumons
Tchico. Lamabelle…
EUH, NON !
Lamamoche
vient de quitter
au galop le village
de Moichu Pichou.
Moi, je pense qu'elle
retourne chez elle

pour préparer **DES BISCUITS OUIPET** pour les villageois afin qu'ils retrouvent TOUS leur apparence normale.

Katrina Skelette bondit de son fauteuil tel un grain de pop-corn qui

éclate dans un chaudron.

– **NOOOOON !** crie-t-elle à son tour. Je sais **TRÈS** bien ce qu'elle veut faire,

Lamabelle… **EUH**, Lamamoche ! Moi, je pense qu'elle retourne chez elle afin de préparer des **BISCUITS OUIPET** pour chaque villageois afin qu'ils retrouvent tous leur apparence normale. Il n'est **PAS** question de la laisser faire !

Tchico dévisage sa maîtresse, abasourdi.

Non! C'est moi qui l'ai dit en premier!

– NON !
c'est moi ! répète Tchico.

– NOOOON !
C'EST MOI !

– NOOOO OOON !
C'est plutôt moi !

– **TARTE AU CHAT!!!!**
lance-t-elle à son chat pour gagner le débat et **clore** la discussion.

Devant **CETTE MENACE** gratuite, le pauvre chat ne peut que s'avouer vaincu.

Cessant de SE DISPUTER avec sa maîtresse, il décide plutôt de lui faire un compliment.

– **NON**, mais, quel pouvoir de déduction vous avez, maîtresse ! lui dit Tchico en roulant des yeux. Vous êtes **VRAIMENT** d'une intelligence supérieure. Supérieure à n'importe quel poisson rouge.

Katrina Skelette se sent très flattée

par le compliment de Tchico.

– **BON ! ASSEZ DISCUTÉ !** s'impatiente-t-elle maintenant.
Il faut absolument arrêter Lamabelle… **EUH, NON,** Lamamoche !

Nous devons
À TOUT PRIX
l'empêcher de
faire ses biscuits
Ouipet.

CHAPITRE 9

NACHO GRINGO ET DES BISCUITS OUIPET CONTRE KATRINA SKELETTE ET TCHICO LE CHAT

Dans sa cuisine,
Lamabelle s'affaire
rapidement à
rassembler **TOUS**
les ingrédients
qu'il lui faut pour
préparer ses fameux
BISCUITS OUIPET.

Ces biscuits,
elle en est certaine,
redonneront

CACAO
SIROP
SUC
BR
FARINE
DE BLÉ
FÉCULE
DE
MAÏ
NOISETT
GÉLATINE
LEVURE
NOIX
DE
COCO

aux villageois
et à ses deux
AMIES lamas
leur apparence
normale.

Mais elle doit faire
vite... **TRÈS VITE !**

Après avoir mis
à la poubelle
TOUS les pots

contaminés par Katrina Skelette, **LAMABELLE** s'assure de n'utiliser maintenant QUE des ingrédients SANS mixture Kiranlet :

FARINE,

LEVURE,

CHOCOLAT,

SUCRE BRUN,

SEL,

VANILLE,

GUIMAUVE,

et surtout...

SUCRE MAGIQUE !

En moins de quinze
minutes, les biscuits
sont faits, mis
au four, cuits,
et **TOUS** prêts
à être garnis.

MMMMMM ! COMME ÇA SENT BON !

Lamabelle dépose
ensuite UNE
DÉLICIEUSE
guimauve sur
chacun d'eux,
puis elle verse
son **SUCCULENT
CHOCOLAT**
sur chaque biscuit
pour le couvrir.

« Une centaine de BISCUITS OUIPET devraient suffire amplement ! » se dit-elle, fière de son travail.

Alors qu'elle s'apprête à mettre

ses biscuits
dans ses paniers,
des bruits de pas
et de pattes se font
entendre… **DANS SA MAISON !**

« OH NOOOON ! »

souffle-t-elle
tout bas.

Deux et deux font quatre ? Donc, pas et pattes font ?

EH OUI ! Dans le cadre de porte de la cuisine, deux **TRÈS DÉTESTABLES** énergumènes apparaissent :

KATRINA SKELETTE ET TCHICO LE CHAT !

— **HA ! HA ! HA !**

rit de manière
TRÈS diabolique
la **MÉCHANTE**
Katrina Skelette.

– Tu croyais pouvoir sauver tes amis avec tes stupides biscuits Ouipet ? **MISÉRABLE LAMA** que tu es ! Eh bien, j'ai une petite nouvelle pour toi... **TU NE POURRAS PAS LES SAUVER !**

– **EXACTEMENT !** poursuit Tchico avec un air défiant lui aussi. Nous allons t'en EMPÊCHER, car vois-tu, nous sommes deux, et toi, tu n'es qu'une. Et vu que deux, c'est **beaucoup** plus qu'un, en fait, si tu sais compter, c’est EXACTEMENT le double, donc tu as la moitié des chances de t’en sortir, et nous, nous avons le double de chances de...

– **ARRÊTE, TCHICO !** lui intime sa maîtresse, je commence à avoir **sérieusement** mal à la tête.

Katrina tient d'ailleurs sa tête entre ses deux mains.

Mais curieusement, au lieu d'être terriblement EFFRAYÉE, Lamabelle arbore un sourire en coin.

– Mais pourquoi souris-tu, **MISÉRABLE** lama ? lui demande Katrina Skelette.

– **EUH**, parce que je me doutais que j'allais souffrir ta **TRÈS DÉSAGRÉABLE** présence, Katrina, alors j'ai pris Une précaution. **UNE GROSSE PRÉCAUTION!**

Katrina se gratte maintenant la tête.

Visiblement, le tas d'os ne comprend pas de quoi Lamabelle parle.

– **HEIN ?** C'est quoi, ta grosse précaution ?

Dans l'autre entrée de la cuisine apparaît **TOUT À COUP...**

NACHO GRINGO !

– C'est ça, ma précaution ! lui répond Lamabelle. Mon ami **NACHO GRINGO** s'est

porté volontaire
pour nous protéger,
mes biscuits Ouipet
et moi.

Nacho Gringo est l'homme le plus fort de l'île des lamas.

LE MONSIEUR MUSCLES !

Le lutteur que **PERSONNE** ne peut vaincre dans un corps à corps.

Ce costaud peut soulever un lama avec une seule main ET manger un **GROS TACO** bien garni avec l'autre.

Lorsqu'il marche, il déplace tellement d'air que les gens autour de lui

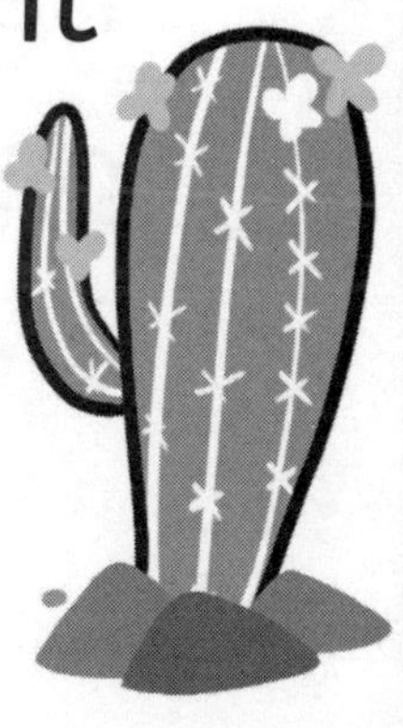

attrapent un rhume s'ils ne se couvrent pas. **IL EST INDESTRUCTIBLE.**

Un jour, il est tombé de la falaise et s'en est tiré avec une toute petite **ÉGRATIGNURE** sur le nez.

Les grosses pierres sur lesquelles il a atterri, par contre, ont été écrasées et réduites en poussière.

Donc, il faut vraiment **ÉVITER** de lui faire face.

Toute PERSONNE
intelligente refuse
de se frotter
à lui tellement
il est fort.

Même **KATRINA SKELETTE**,
qui, tout à coup,
ravale sa salive
bruyamment.

– J'avais oublié
NACHO GRINGO...
murmure-t-elle
à son chat.

Mais Tchico,
IMPRESSIONNÉ
par la présence
de Nacho Gringo,
tente de s'approcher
du lutteur.

– Est-ce que je peux avoir un autographe, monsieur Gringo ?

Katrina **attrape** la queue de son chat pour le tirer vers elle.

– Mais qu'est-ce
que tu fais,
espèce d'idiot ?

Nacho Gringo
fait un pas dans
la direction
de Katrina Skelette
et de Tchico.

Le plancher tremble sous son poids...

KATRINA SKELETTE et **TCHICO** reculent d'un pas, mais le plancher ne fait aucun bruit cette fois, même pas un tout petit craquement.

Devant Katrina et Tchico, Nacho Gringo se met ensuite à GROGNER comme un dinosaure.

GRAOU UUUUUU !

Brusquement prise d'une vilaine TROUILLE,

Katrina Skelette **s'enfuit** à toutes jambes, suivie de Tchico qui court lui aussi à toutes pattes.

Lamabelle et Nacho Gringo se lancent des **SOURIRES** **TRIOMPHANTS**.

– **BON !** fait ensuite Lamabelle en pensant aux villageois ainsi qu'à Lamalove et à Lamacorne. Mon ami Nacho Gringo, **IL FAUT Y ALLER !** Nous avons une livraison urgente à faire

au village de
Moichu Pichou.

Le lutteur pousse
un autre grognement.

GRAOU
UUUUUU !

Lamabelle lui lance
un petit **SOURIRE**
MOQUEUR.

– ARRÊTE, NACHO !
Tu sais bien que tu
ne me fais pas peur.

NACHO GRINGO
sourit lui aussi
à son adorable amie
Lamabelle, puis
lui fait un clin d'œil.

Il voulait juste
rigoler…

PROLOGUE

Dans le village
de Moichu Pichou,
la distribution
de **pâtisseries**
se fait de manière
très différente
que pendant
les fêtes des gourmandises
du matin.

OUI !
Car Nacho Gringo
est là pour **AIDER**
Lamabelle.

Il est vrai qu'avoir
un garde du corps
TRÈS fort à
ses côtés aide
ÉNORMÉMENT
à maintenir l'ordre
et la discipline.

Partout dans le village, les enfants et les adultes **retrouvent** lentement leur apparence normale.

Les bosses
de chameau
de **LAMALOVE**
se **volatilisent**,
tandis que les queues
de putois vraiment
TRÈS
PUANTES
de **LAMACORNE**
disparaissent.

OUI ! Lamacorne retrouve ses belles ailes dorées.

– **BRAVO, LAMABELLE !** la félicite Ginobrito, le maire. Pour nous avoir TOUS sauvés de la méchanceté de Katrina Skelette, nous voudrions,

les villageois
de Moichu Pichou
et moi, te faire
un cadeau.
Nous allons ériger
une **BELLE**
STATUE
en ton honneur
au beau milieu
de la **grande**
place.

Lamabelle rougit
devant **TANT D'HONNEUR**, mais
propose plutôt
au maire Ginobrito
une autre idée
de cadeau.

– **EUH !** Merci,
Monsieur le Maire,
mais ne pourriez-vous pas plutôt

m'offrir un **TOUT NOUVEAU** rouleau ? Le mien est vraiment très **USÉ**, vous savez, à cause, bien sûr, de toutes **LES PÂTISSERIES** que je cuisine.

– Juste un simple rouleau à pâtisserie ? s'étonne le maire en se grattant la tête.

Autour de Lamabelle, tout le monde éclate de rire…

HA ! HA !
HA ! HA ! HA !
HA !

***

Du haut de la plus haute tour de son **ÉTRANGE** maison, avec l'aide de son télescope, Katrina Skelette observe avec **AMERTUME** les réjouissances qui se déroulent au village de Moichu Pichou.

– AAAAAA AAAAAH !

se met-elle à hurler, rouge de colère. Je crois que je vais faire une CRISE DE NERFS sur le plancher, ici, là, maintenant !

Ça va me calmer
un peu.

Tchico cherche désespérément **UN MOT** d'encouragement à dire à sa maîtresse.

– N'ayez crainte, maîtresse ! Nous allons un jour prendre

notre REVANCHE, ne vous en faites pas, promet le chat. Ces lamas et ces villageois ne perdent RIEN pour attendre.

De toute évidence, le vilain tas d'os qu'est **KATRINA SKELETTE** et son **DÉTESTABLE** complice ont encore une fois raté leur coup.

Ils n'ont pas réussi à rendre malheureux **TOUS** les villageois et **TOUS** les lamas de l'île.

– **JE DÉTESTE PLUS QUE TOUT** cette Lamabelle...

EUH, NON !

se reprend Katrina Skelette. **Cette Lamamoche !**

GLOSSAIRE

Abasourdi : ahuri, très étonné

Amertume : mauvaise humeur, rancune

Bévue : erreur

Complice : camarade de mauvais coups

Débat : discussion, dispute

Délectable : délicieux

Diabolique : rusé et méchant

Empiffrer (s') : manger beaucoup trop

Exquis : très bon

Gaffer : commettre une erreur

Gloutonne : trop gourmande

Hébété : bouche bée, étonné

Méthodique : soigneuse, méticuleuse

Nom de totem : surnom qui décrit un scout

Onctueux : crémeux, moelleux

Trouille : peur

Je coche les Mini BiG que j'ai lus.